U0662174

国家电网有限公司
业务外包安全监督管理办法

国家电网有限公司　发布

中国电力出版社
CHINA ELECTRIC POWER PRESS

图书在版编目（CIP）数据

国家电网有限公司业务外包安全监督管理办法 / 国
家电网有限公司发布. -- 北京：中国电力出版社，
2025. 4. -- ISBN 978-7-5198-9982-0

Ⅰ. F426.61

中国国家版本馆 CIP 数据核字第 20252JE164 号

出版发行：中国电力出版社
地　　址：北京市东城区北京站西街 19 号（邮政编码 100005）
网　　址：http://www.cepp.sgcc.com.cn
责任编辑：吴　冰
责任校对：黄　蓓　朱丽芳
装帧设计：张俊霞
责任印制：石　雷

印　　刷：三河市航远印刷有限公司
版　　次：2025 年 4 月第一版
印　　次：2025 年 4 月北京第一次印刷
开　　本：850 毫米×1168 毫米　32 开本
印　　张：1
字　　数：26 千字
定　　价：16.00 元

国家电网有限公司关于印发
《国家电网有限公司作业风险管控工作规定》
等 10 项通用制度的通知

国家电网企管〔2023〕55 号

总部各部门，各机构，公司各单位：

公司组织制定、修订了《国家电网有限公司作业风险管控工作规定》《国家电网有限公司工程监理安全监督管理办法》《国家电网有限公司预警工作规则》《国家电网有限公司电力突发事件应急响应工作规则》《国家电网有限公司安全生产风险管控管理办法》《国家电网有限公司安全生产反违章工作管理办法》《国家电网有限公司业务外包安全监督管理办法》《国家电网有限公司电力安全工器具管理规定》《国家电网有限公司电力建设起重机械安全监督管理办法》《国家电网有限公司安全隐患排查治理管理办法》10 项通用制度，经 2022 年公司规章制度管理委员会第四次会议审议通过，现予以印发，请认真贯彻落实。

国家电网有限公司（印）

2023 年 2 月 10 日

目　录

国家电网有限公司业务外包
安全监督管理办法

规章制度编号：国网（安监/4）853－2022

第一章 总 则

第一条 为规范国家电网有限公司（以下简称公司）业务外包安全监督管理，加强外包项目安全风险管控，防范各类安全事故（件），依据国家有关法律法规和公司有关制度标准，制定本办法。

第二条 本办法所称业务外包是指公司各级单位作为甲方（以下统称发包单位）与乙方（公司系统外单位、产业单位，以下称承包单位）签订合同，将建设（技改）工程施工、生产作业业务（以下统称外包项目）（详见附件 1）发包给承包单位的活动。

第三条 公司业务外包安全工作按照"谁发包、谁负责""管业务必须管安全"原则，建立承发包单位各负其责、业务部门管理、安监部门监督的综合管理机制。

第四条 公司采取安全资信报备、安全评估、作业人员安全准入、进场前登记核查、实施过程作业风险管控、动态安全评价管理以及"安全黑名单"（以下简称"黑名单"）、"安全负面清单"（以下简称"负面清单"）管理等措施，对业务外包安全实行全过程监督管理。

第五条 本办法适用于公司总部、各分部、各省（自治区、直辖市）电力公司、生产性直属单位（以下简称各单位）。

第二章 职 责 分 工

第六条 公司总部职责

（1）安监部：负责制定公司业务外包安全监督管理有关规章制度；组织开展业务外包安全评估；组织开展业务外包安全监督检查；指导各省公司级单位开展业务外包安全监督管理工作；负责承包单位"黑名单"管理。

（2）物资部：负责将承包单位安全资信及安全评估结果纳入公司采购工作统筹管理，负责在物资和工程采购中执行"黑名单"管理相关要求。

（3）法律部：负责公司业务外包安全监督管理有关规章制度和"黑名单"管理合法合规性审核。

（4）其他专业部门：负责本专业业务外包安全管理；组织开展本专业业务外包安全工作的检查、评价和考核；指导各省公司级单位开展业务外包安全管理工作；协同国网安监部开展本专业职责范围内业务外包安全评估，管理本专业职责范围内的"黑名单"。

第七条 省公司级单位职责

（1）安监部门：负责组织落实公司业务外包安全监督管理有关规章制度；组织开展业务外包安全评估；组织开展业务外包安全监督检查；负责组织开展本单位范围内承包单位及作业人员的安全准入管理工作；负责本单位范围内承包单位及人员的安全资信监督和"负面清单"管理。

（2）物资部门：负责将承包单位安全资信及安全评估结果纳入本单位采购工作统筹管理，负责在物资和工程采购中执行"黑名单"和"负面清单"管理相关要求。

（3）法律事务部门：负责本单位"负面清单"管理合法合规

性审核。

（4）其他专业部门：负责落实本专业业务外包安全管理要求；开展本专业业务外包安全工作的检查、评价和考核；协同安监部门开展承包单位及作业人员安全准入工作；组织做好本专业业务范围内的承包单位及人员资信审查、报备等管理工作；协同本单位安监部门开展本专业职责范围内业务外包安全评估；负责组织落实"黑名单""负面清单"相关处理措施。

第八条 地市（县）公司级单位职责

（1）安监部门：负责落实公司业务外包安全监督管理有关规章制度；开展业务外包安全监督检查和业务外包安全评估；负责组织开展本单位范围内承包单位及作业人员的安全准入管理工作；负责本单位范围内承包单位及人员安全资信监督和"负面清单"管理。

（2）其他专业部门：负责落实本专业业务外包安全管理要求；具体开展本专业业务外包安全工作的检查、评价和考核；协同本单位安监部门开展承包单位及作业人员安全准入工作；负责组织开展本专业业务范围内的承包单位及人员安全资信审查、报备等管理工作；开展本专业职责范围内业务外包安全评估；落实"黑名单"和"负面清单"相关处理措施。

第九条 发包单位职责

负责执行公司业务外包安全管理有关规章制度，开展外包项目安全管理，组织落实安全资信报备、安全评估、作业人员安全准入、承揽项目登记、进场前登记核查、实施过程作业风险管控、"黑名单"和"负面清单"管理等要求。

第十条 承包单位职责

负责承揽项目安全管理；负责执行公司业务外包安全管理有关规章制度，报备安全资信、登记承揽项目信息，加强承揽项目实施过程作业风险管控；配合发包单位开展安全评估、作业人员安全准入、入场核查验证、过程监督检查、"黑名单"和"负面清单"管理等工作。

第十一条　监理单位职责

依据国家有关法律法规、监理合同及安全协议，履行监理安全职责，认真开展外包项目安全审查、验证、检查、旁站、签证等工作。

第三章　安全资信报备

第十二条　公司实行承包单位安全资信报备制度。承包单位的安全资信报备管理以地市（县）公司级单位为主体实施，安全资信备案信息在同一省公司级单位范围内共享共用。

第十三条　在进入公司所属生产经营区域作业前，承包单位应向相关地市（县）公司级单位报备安全资信（企业资质、业务资质、安全生产许可证等）及其法定代表人、项目负责人（项目经理）、企业及项目专（兼）职安全管理人员的安全资信（身份证、社保缴纳证明、资格证书类型及编号、联系方式等）。安全资信首次报备应填写安全资信报备申请表（详见附件2）。

第十四条　地市（县）公司级单位专业部门负责受理本专业承包单位安全资信报备资料，审核验证后组织录入安全风险管控监督平台（以下简称平台）；安监部门复核后，经单位负责人审批并统一发布。

第十五条　承包单位的安全资信备案信息在同一省公司级单位应保持唯一，相关地市（县）公司级单位按照"先用先报"的原则组织承包单位开展安全资信报备工作；进场作业前，各地市（县）公司级单位按照"谁使用、谁审核"原则，对承包单位备案信息进行审核确认，并在平台中保留审核记录。承包单位在不同省公司级单位间承揽外包项目时，应分别履行报备和审核程序。

第十六条　公司对承包单位安全资信报备实行动态管理，企业信息发生变动，应及时向相关发包单位申请变更，并记录在平台中。各省公司级单位应定期清理平台内长期（3～5年）不承揽业务的单位安全资信备案信息，并履行书面告知手续。

第十七条 除紧急抢险、故障抢修等特殊情况外，进场施工承包单位必须严格执行"先报备、后进场"管控工作要求，承包单位不履行报备程序一律不允许进场施工作业。

第四章　安全评估管理

第十八条　公司对进入企业承揽项目的承包单位实行安全评估管理，并将安全评估结果作为企业准入的基本条件，对承包单位的安全评估一般以地市公司级单位为主体组织实施，评价结果在省公司级单位范围内有效。

第十九条　各单位应结合公司安全管理体系对相关方要求，分别从企业安全资信、安全生产管理和项目安全管理等维度对承包单位进行安全评估，以确保其人员装备配置、安全管理水平、安全业绩能力满足进入公司系统安全承揽相关业务的需要。

第二十条　安全评估必备条件

（1）具备有效的营业执照、业务资质（建设主管部门和电力监管部门颁发的资质证书）和安全资质证书（安全生产许可证）。

（2）未在"黑名单"或"负面清单"禁入时限内。

（3）在公司平台内完成企业安全资信报备。

（4）满足所在省公司级单位的其他安全管理要求。

第二十一条　安全评估一般采取资料和现场核查方式。核查内容主要包括单位的安全资信、设备人员配置、安全组织管理、安全规章制度、安全教育培训以及作业现场安全管控情况等。

第二十二条　对首次进入公司的承包单位，必须经安全评估合格后方可准入公司系统承揽作业项目。在一个评估周期内，经评估准入后发生下列情况之一的，应动态进行复核评价，合格后方可再次准入：

（1）企业组织机构和体制发生重大变化后；

（2）发生生产安全事故后；

（3）纳入公司"黑名单"和省公司级"负面清单"禁入期满的；

（4）其他影响安全生产管理的重大变化。

第二十三条 各单位应按照安全评估标准，公平公正的对承包单位进行评估，并将安全评估结果为"合格"的承包单位列入"白名单"管理，统一在平台内发布。

第二十四条 评估结果应统筹纳入物资部门供应商绩效评价结果，并应用于招标采购。

第五章　采购及合同管理安全要求

第二十五条　各级物资管理部门在项目采购中，应将承包单位安全资信及其安全评估情况纳入采购（招标）文件和评标标准进行管控。

第二十六条　发包单位应对外包项目的承包单位明确提出安全资信要求和安全条件，并进行审查。包括但不限于以下内容：

（1）企业资质、业务资质和安全资质是否符合要求。

（2）企业负责人、项目负责人是否持有国家有关部门规定的有效业务资格和依法应取得的安全证书，作业人员是否有安全培训记录，人员素质是否符合要求。

（3）施工机械、工器具、安全用具及安全防护设施是否满足安全作业要求。

（4）承包单位是否按照国家有关规定配备专（兼）职安全生产管理人员，并全部持证上岗。

第二十七条　外包项目确定承包单位后，发包单位应与承包单位依法签订承包合同及安全协议。安全协议中应具体规定发包单位和承包单位各自应承担的安全责任和评价考核条款，由发包单位安监部门审查。

第二十八条　承包合同应具体明确外包项目内容、外包类型以及承包单位项目负责人、项目专（兼）职安全生产管理人员等基本信息。施工总承包单位或者分包单位应当依法与所招用的农民工订立劳动合同（或用工书面协议）并进行用工实名登记，否则不得进入项目现场施工。

第二十九条　建设工程施工类外包的承包合同，应明确承包单位需自行完成的主体工程或关键性工作，禁止承包单位将主体工程或关键性工作违法分包。

第三十条　劳务外包或劳务分包的承包合同，应明确承包单位需自行完成劳务作业，承包单位不得再次外包或分包。

　　第三十一条　承包合同及安全协议必须由发包单位与承包单位双方法定代表人或其授权委托人（提供授权委托书）签订。严禁与非法人单位、不能有效代表承包单位的人员签订承包合同。严禁与个人签订承包合同。

　　第三十二条　承包合同和安全协议书面签订完成前，严禁承包单位提前实施外包项目（含辅助性工作）。

第六章　作业人员安全准入

第三十三条　公司对承包单位的作业人员实行安全准入管理。各单位每年定期组织开展安全准入考试，作业人员经准入考试合格后方可从事现场生产施工作业。对因作业需要临时新增或重新准入的进场作业人员，应采取动态考试方式实施准入。

第三十四条　省公司级单位安监部门牵头组织安全准入考试工作，考试题库、合格标准和准入期限由省公司级单位自行确定，并应全省统一。

第三十五条　地市（县）公司级单位专业部门组织本专业作业人员安全准入考试报名，将报考人员信息录入平台，并与承包单位相关联。

第三十六条　安全准入考试应通过平台模块采取线上考试方式，考试结果及合格情况应及时记录至作业人员安全资信档案，作为安全准入的必备条件。

第三十七条　安全准入考试仅作为进入公司所属生产经营区域作业的基本条件，不替代专业部门、承包单位按照国家法律法规应开展的安全教育培训和考试。

第七章　进场前登记核查

第三十八条　承包合同及安全协议签订后，发包单位专业部门应组织承包单位，在平台中登记所承揽项目及其项目管理人员信息（详见附件3）。

第三十九条　承包单位登记的信息应与所承揽项目一一对应。承包单位进场管理人员应与承包合同及安全协议上明确的人员一致，如不一致，应书面请示发包单位同意后方可更换。

第四十条　承包项目的登记信息由发包单位专业部门审核通过后，统一在平台进行发布，在公司系统共享，供各单位查询、统计、开展承包单位安全承载力分析等工作使用。

第四十一条　发包单位应对承包单位项目负责人、项目专（兼）职安全生产管理人员等进行全面的安全技术交底，共同勘察现场，填写勘察记录，指出危险源和存在的安全风险，明确安全防护措施，提供安全作业相关资料信息，并应有完整的记录或资料。

第四十二条　进场施工作业前，发包单位应依据承包合同、安全协议及承包项目的登记信息，对承包单位进场人员及相关设备进行核查，不满足承包合同及安全协议有关条款规定的，与承包项目的登记信息不一致的，不得允许进场。

（1）核查承包单位进场项目负责人、项目专（兼）职安全生产管理人员、特种作业人员及其他作业人员的劳动合同、身份信息、执业资格、安全资格、持证上岗、人证相符、安全培训、准入考试、体检证明、工伤保险和意外伤害保险办理等情况。

（2）核查承包单位进场施工机械、工器具、安全用具及安全防护设施明细表及其检验合格证明（可采取抽检方式）等情况。

第八章　实施过程安全管控

第四十三条　发包单位、承包单位、监理单位应根据国家法规制度、承包合同及安全协议，认真履行各自安全责任，严格落实公司"四个管住"（管住计划、管住队伍、管住人员、管住现场）要求，共同做好外包项目实施过程安全管控工作。

第四十四条　发包单位不得随意压缩外包项目工期，确需调整工期，必须对安全影响进行论证和评估，并提出相应的组织措施和安全保障措施。

第四十五条　发包单位、承包单位应严格执行作业"月计划、周安排、日管控"制度，以作业计划为依据，抓好风险辨识、评估定级和分级管控等工作，科学组织施工、管理等资源力量投入，严禁超负荷、超能力作业。

第四十六条　发包单位应动态掌握外包项目实施情况，严格实施违章记分和人员实名制管理，对承包单位及其作业人员实施全过程动态安全评价管理，落实安全失信惩处措施，强化承包单位和现场作业人员安全责任履行。

第四十七条　承包单位进场施工人员应保持稳定，项目负责人、项目专职安全生产管理人员、特殊工种人员等核心人员变动必须报发包单位批准，并同步更新登记信息。

第四十八条　发包单位、承包单位在施工作业过程中，应根据国家有关法律法规、公司有关管理规定以及承包合同及安全协议，常态排查治理安全隐患，严格到岗到位管控，加强安全管理、落实安全措施，做好现场安全风险防控和反违章等工作，确保外包项目实施处于安全可控状态。

第四十九条　采取劳务外包或劳务分包的项目，所需施工作业安全方案、工作票（作业票）、机具设备及工器具等应由发包方负责，并纳入本单位班组统一进行作业的组织、指挥、监护和管理。劳务人员不得独立承担危险性大、专业性强的施工作业，必须在发包方有经验人员的带领和监护下进行。

第五十条 监理单位应落实安全监理职责，严格审查承包单位编制的施工作业安全方案并监督实施；通过开展安全检查、安全旁站和巡视等，及时发现承包单位施工作业现场存在的安全问题并督促整改，情节严重时应下达停工令。

第五十一条 各单位应深化平台建设应用，加大视频终端配置，实现作业现场安全监督"全覆盖"，加快推进数字化工作票建设，结合移动作业终端、边缘计算装置、智能穿戴装备，强化作业全过程、全要素管控。

第九章　动态安全评价管理

第五十二条　各省公司级单位依托平台，建立健全承包单位及作业人员安全资信档案库（个人信息使用须经其本人确认同意），并根据项目实施过程中出现的违章违规、安全事故（件）、安全管控（落实"四个管住"要求等）等情况，建立统一的记分标准。

第五十三条　按照"谁使用、谁记分"原则，由发包单位负责实施对承包单位及作业人员的全过程安全记分管理，并将相关记分和不良安全行为记录到平台中。

第五十四条　在项目实施过程中，承包单位及其作业人员的安全记分实行累积，并作为承包单位及其作业人员动态安全评价分级和安全评估重要依据。

第五十五条　各单位应建立健全安全警示约谈和"说清楚"等机制，并依据承包单位或作业人员安全记分动态累积情况，及时对其安全管理情况进行动态纠偏。

第十章 "黑名单"及"负面清单"管理

第五十六条 依据国家和公司有关规定与要求，公司对发生安全事故（件）、存在严重违章违规行为、安全管理混乱及被政府或上级主管部门纳入失信黑名单的承包单位及人员实行"黑名单"和"负面清单"管理。

第五十七条 "黑名单"管理是对安全事故（件）负有主要责任承包单位及其项目负责人，永久或在一定期限内，在公司所有工程、服务项目禁入。承包单位"黑名单"分为Ⅰ、Ⅱ、Ⅲ、Ⅳ级（详见附件4），由公司总部审定发布。

第五十八条 Ⅰ级"黑名单"。承包单位有下列情形之一的，将该承包单位及相应项目负责人纳入Ⅰ级黑名单：

（1）发生负有主要责任的一、二级安全事件。

（2）公司总部认定有必要纳入Ⅰ级"黑名单"管理的。

列入Ⅰ级"黑名单"的承包单位永久禁入公司系统承揽外包项目，其项目负责人永久不得担任系统外包项目负责人或安全生产管理人员。

第五十九条 Ⅱ级"黑名单"。承包单位有下列情形之一的，将该承包单位及相应项目负责人纳入Ⅱ级"黑名单"：

（1）发生负有主要责任的三级安全事件。

（2）公司总部认定有必要纳入Ⅱ级"黑名单"管理的。

列入Ⅱ级"黑名单"的承包单位三年内禁入公司系统承揽外包项目，其项目负责人三年内不得担任系统外包项目负责人或安全生产管理人员。

第六十条 Ⅲ级"黑名单"。承包单位有下列情形之一的，将该承包单位及相应项目负责人纳入Ⅲ级"黑名单"：

（1）发生负有主要责任的四级安全事件。

（2）公司总部认定有必要纳入Ⅲ级"黑名单"管理的。

列入Ⅲ级"黑名单"的承包单位两年内禁入公司系统承揽外包项目，其项目负责人两年内不得担任系统外包项目负责人或安全生产管理人员。

第六十一条 Ⅳ级"黑名单"。承包单位有下列情形之一的，将该承包单位及相应项目负责人纳入Ⅳ级"黑名单"：

（1）发生负有主要责任的五级安全事件。

（2）公司总部认定有必要纳入Ⅳ级"黑名单"管理的。

列入Ⅳ级"黑名单"的承包单位一年内禁入公司系统承揽外包项目，其项目负责人一年内不得担任系统外包项目负责人或安全生产管理人员。

第六十二条 被政府或上级主管部门纳入失信黑名单的承包单位禁入公司系统相应范围内承揽外包项目，禁入期限至政府或上级主管部门解除其失信黑名单为止。

第六十三条 "黑名单"由发包单位安监部门收到（或形成）安全事故（件）调查报告后三个工作日内，依据报告结论起草"黑名单"申请，逐级上报至国网安监部，国网安监部会同专业部门、物资部门审定确认后正式公布，并在平台上进行发布。

第六十四条 "黑名单"所列承包单位及其项目负责人禁入时间从"黑名单"发布之日起开始计算。禁入期满后，承包单位应向纳入"黑名单"时的发包单位安监部门提交整改情况说明（详见附件5），安监部门组织相关单位或部门对其情况进行验收确认，并逐级上报至国网安监部，国网安监部对其情况进行确认后将其移出"黑名单"，并在平台上发布，同时通报国网物资部。

第六十五条 对纳入"黑名单"管理的承包单位，在禁入期间积极组织整改、安全状况明显改善的，由相关专业部门或单位出具证明材料，可提前申请解除禁入。实际禁入时间不能少于原处理时间的二分之一，永久列入"黑名单"不得少于三年。

第六十六条 承包单位或作业人员若发生以下情形之一，应将其列入"负面清单"管理。各省公司级单位应明确"负面清单"标准和管理细则，并由发包单位按照承包合同和安全协议约定，对承包单位落实约谈警告、停工整顿、限制招投标等处理措施，对作业人员落实停工学习、重新准入、作业禁入等处理措施，其中限制招投标的期限不超过一年。

（1）发生负有主要责任的安全事件，未达到列入"黑名单"条件的。

（2）评价周期内安全积分达到规定限值（负面清单）的。

（3）严重违章或造成责任性重大隐患。

（4）安全资信变化但不履行变更手续。

（5）省公司级单位认定其他有必要列入"负面清单"的情形。

第六十七条 在公司系统六个月内连续被两家及以上省公司级单位列入"负面清单"的承包单位，公司将纳入Ⅳ级"黑名单"处理，禁入时间从最后一次列入"负面清单"时间开始计算。

第六十八条 对承包单位有造假、篡改、瞒报等违规行为的，视其严重程度列入"黑名单"或"负面清单"管理。

第六十九条 对纳入"黑名单""负面清单"时承包单位正在实施（或已签订合同）的外包项目无法终止的，发包单位应将其列入重点安全监管对象，采取加大检查频次、派驻专人监护等措施，督促吸取事故教训，落实整改措施。

第十一章　考核与评价

第七十条　各单位应建立健全业务外包安全管理工作监督、评价和奖惩管理制度和工作机制，利用安全巡查、督查等多种形式，加强业务外包安全管理工作实施过程的监督考核。

第七十一条　各单位应建立完善承包单位和作业人员信息查询使用登记和审查制度，防止信息泄露，对故意或因工作失误泄露信息的，要依法依规追究相关单位和人员责任。

第七十二条　国网安监部将各单位的业务外包安全管理工作纳入安全监督管理综合评价，对发现的业务外包管理问题按规定进行量化扣分，并将评价结果定期进行通报。

第七十三条　外包项目发生安全事故（件），严格按照国家有关法律法规和公司事故（件）调查处理有关规定执行。公司将依据安全奖惩有关规章制度，严肃追究相关责任单位和人员责任。

第十二章　附　则

第七十四条　根据国家及公司有关规定，本办法的外包项目有施工总承包、专业承包、专业分包、劳务分包和专业外包、劳务外包等外包方式。

第七十五条　本办法由国网安监部负责解释并监督执行。

第七十六条　本办法自 2023 年 3 月 3 日起施行。原《国家电网公司业务外包安全监督管理办法》（国家电网企管〔2017〕311 号之国网（安监/4）853—2017）同时废止。

附件 1

术 语 解 释

本办法所指建设（技改）施工、生产作业业务包括：输变电工程、配（农）网建设、生产检修改造、营销项目（计量、业扩等）、技改大修、迁改工程和信息通信作业等作业业务。本办法所指业务外包按业务性质分为建设工程施工外包和生产作业业务外包两大类。其中，依据住建部印发的《建筑业企业资质管理规定》（住房城乡建设部令第 22 号），建设工程施工类外包有施工总承包、专业承包、专业分包、劳务分包四种形式；参考《国家电网有限公司关于印发规范供电企业业务外包管理的指导意见（暂行）的通知》（国家电网办〔2018〕1072 号），生产作业业务类外包分为专业外包和劳务外包两种形式。

（1）施工总承包是指发包单位（建设单位）将全部工程项目施工发包给具备相应资质的承包单位。承包单位可以全部自行施工，也可以依法进行专业分包或劳务分包。

（2）专业承包是指发包单位（建设单位）将工程项目施工中部分工程施工发包给具备相应资质的承包单位，承包单位自行组织施工，完成工程施工任务。承包单位可进行劳务分包。

（3）专业分包是指发包单位（施工单位）将其承包工程项目非主体工程施工发包给具备相应资质的承包单位，承包单位自行组织施工，完成非主体工程施工任务。承包单位可进行劳务分包。

（4）劳务分包是指发包单位（施工单位）将所承包工程施工中的劳务作业发包给具有相应资质的承包单位，发包单位提供机具设备、工器具等，承包单位安排本单位人员按照发包单位的要求完成劳务作业。

（5）专业外包是指发包单位（供电公司、运检公司、信通公司和客服中心等）将公司允许的供电企业常规业务或其他业务发包给具有相应资质的承包单位，由承包单位独立完成。

（6）劳务外包是指发包单位（供电公司、运检公司、信通公司和客服中心等）将公司允许的供电企业常规业务或其他业务中的劳务作业发包给具有相应资质的承包单位，由发包单位提供工作场所、机具设备和工器具等，承包单位安排本单位人员按照发包单位的要求完成劳务作业。

附件 2

安全资信报备申请表

单位名称							
单位地址							
法定代表人				联系电话			
法定代表人 身份证号码				注册资本			万元
安全生产许可证	有效期:			编号:			
建筑企业资质	等级:		有效期:		编号:		
承装修试资质	等级:		有效期:		编号:		
（其他资质）	等级:		有效期:		编号:		
项目负责人（项目经理）	姓名	业务资格证书类型	业务资格证书编号	安全证件类型	安全证件编号	身份证号	电话号码
企业及项目专职安全生产管理人员	姓名	安全证件类型		安全证件编号		身份证号	电话号码

企业法定代表人声明	我对以上填报信息及有关资信证明材料的合法性、真实性负责。 法定代表人签名：　　　　　　　　　　（申请单位印章） 　　　　　　　　　　　　　　　　　　　　年　月　日
受理单位	
备注	

注：1. 安全资信报备时应提交有关资料的原件、复印件以及网上查询界面截图等。

　　2. 项目负责人、企业及项目专职安全管理人员提供社保为报备资料提交前一个月。

　　3. 建筑施工企业及项目专职安全管理人员报备人数不应少于《建筑施工企业安全生产管理机构设置及专职安全生产管理人员配备办法》（建质〔2018〕91号）等国家有关规定及本企业承揽项目数量的要求，安全证件应分别为C1、C2证。

附件 3

承揽项目登记内容

（包含但不限于以下内容）

外包类型	项目登记内容	人员登记内容
施工总承包	项目名称、项目主要内容、外包类型、实施时间、实施地点（场所）、项目监理单位、项目发包单位、项目总承包单位、总承包单位的一级分包单位等	项目负责人（项目经理）、项目专（兼）职安全生产管理人员、施工作业票"两类人"、特种作业人员的姓名、身份证号码、照片、业务资质证书、安全证件、电话号码
专业承包	项目名称、项目主要内容、外包类型、实施时间、实施地点（场所）、项目监理单位、项目发包单位、项目承包单位等	项目负责人（项目经理）、项目专（兼）职安全生产管理人员、施工作业票"两类人"、特种作业人员的姓名、身份证号码、照片、业务资质证书、安全证件、电话号码
专业分包	项目名称、项目主要内容、外包类型、实施时间、实施地点（场所）、项目监理单位、项目发包单位、项目承包单位等	项目负责人（项目经理）、项目专（兼）职安全生产管理人员、施工作业票"两类人"、特种作业人员的姓名、身份证号码、照片、业务资质证书、安全证件、电话号码
劳务分包	项目名称、项目主要内容、外包类型、实施时间、实施地点（场所）、项目发包单位、劳务分包单位等	劳务分包项目负责人、项目专（兼）职安全生产管理人员的姓名、身份证号码、照片、资格证书及编号、电话号码等
专业外包	项目名称、项目主要内容、外包类型、实施时间、实施地点（场所）、项目监理单位、项目发包单位、项目承包单位等	项目负责人（项目经理）、项目专（兼）职安全生产管理人员、施工作业票"两类人"、特种作业人员的姓名、身份证号码、照片、业务资质证书、安全证件、电话号码
劳务外包	项目名称、项目主要内容、外包类型、实施时间、实施地点（场所）、项目发包单位、劳务外包单位等	劳务外包项目负责人、身份证号码、照片、资格证书及编号、电话号码

附件 4

"黑名单"管理要求对照表

级别	纳入条件	禁入期限和范围	发布单位
Ⅰ级"黑名单"	1. 发生负有主要责任的一、二级安全事故（件）。 2. 公司总部认定有必要纳入Ⅰ级"黑名单"管理的	承包单位永久禁入公司系统承揽外包项目，其项目负责人永久不得担任系统外包项目负责人或安全生产管理人员	国家电网有限公司
Ⅱ级"黑名单"	1. 发生负有主要责任的三级安全事故（件）。 2. 公司总部认定有必要纳入Ⅱ级"黑名单"管理的	承包单位三年内禁入公司系统承揽外包项目，其项目负责人三年内不得担任系统外包项目负责人或安全生产管理人	国家电网有限公司
Ⅲ级"黑名单"	1. 发生负有主要责任的四级安全事故（件）。 2. 公司总部认定有必要纳入Ⅲ级"黑名单"管理的	承包单位两年内禁入公司系统承揽外包项目，其项目负责人两年内不得担任系统外包项目负责人或安全生产管理人员	国家电网有限公司
Ⅳ级"黑名单"	1. 发生负有主要责任的五级安全事件。 2. 公司总部认定有必要纳入Ⅳ级"黑名单"管理的	承包单位一年内禁入公司系统承揽外包项目，其项目负责人一年内不得担任系统外包项目负责人或安全生产管理人员	国家电网有限公司

附件 5

整改情况说明（模板）

××安监部：

我公司接到关于纳入"黑名单"通知后，进行了如下整改：

（填写具体整改的措施及内容，主要包括以下方面：）

1. 存在的问题。

2. 对问题的处理措施。

3. 防止发生类似问题所采取的管理、技术等方面的具体管控措施。

4. 对今后保证不发生类似问题进行承诺。

目前按照××管理规定，现处罚期已满，特申请解除我单位××级黑名单。

联系人：×××

联系电话：××××××××

承包单位（盖章）

年　月　日